AF360097

PREMIERE OBSERVATION.

On a diſtribué Mercredi dernier, avec profuſion , à la Cour, dans Paris, & dans l'intérieur même du Palais , une Lettre anonyme, que l'on ſuppoſe adreſſée par le Chevalier de ＊＊＊, à Mᶜ Treilhard. Le Miniſtere public a provoqué la ſévérité des Loix contre ce libelle. Le Comte de Créquy & ſes freres, dont les procédés ont été exempts de reproches depuis l'origine de la cauſe, ont cru devoir adhérer à la plainte de M. le Procureur Général. Ils ont ſommé M. le Marquis de Créquy de ſe joindre à eux pour parvenir à connoître les Auteurs, Imprimeurs & Diſtributeurs de cette indécente production ; ils regardent comme un outrage l'intérêt que l'Auteur paroît prendre à leur poſition. Ce que les Loix, la délicateſſe, la vérité & l'honneur ne peuvent avouer n'entrera jamais dans le ſyſtème de leur défenſe ni dans l'ame de leurs Conſeils.

SECONDE OBSERVATION.

Le Comte de Créquy a cité , page 69 de ſon Mémoire imprimé, au nombre des exemples qu'il a rapportés de changemens de couleurs dans les Armes pour diſtinguer les branches cadettes de l'aînée , celui des *Molac*, qu'il a annoncés comme iſſus de la Maiſon de Rohan ; il avoit été induit en erreur par Wulſſon de la Colombiere ; mais ce fait eſt abſolument faux ; la Maiſon de Molac en convient elle-même ; elle n'a jamais appartenu aux Princes de Rohan , elle a ſeulement poſſédé un de leurs grands Offices.

CONSULTATION.

LE CONSEIL fouffigné qui a lu le Mémoire du Comte de Créquy contre le Marquis de Créquy, & le Comte de Créquy Canaples, qui a lu pareillement le Plaidoyer imprimé du Marquis de Créquy contre le Comte de Créquy, enfemble les Généalogies & Pieces juftificatives rapportées dans le corps & à la fin defdits Mémoire & Plaidoyers. Après avoir mûrement réfléchi fur les différens moyens employés de part & d'autre, & s'être pénétré des circonftances d'une affaire non moins intéreffante par fon objet que par les points de droit qu'elle préfente à décider ;

ESTIME que tous les faits étrangers à la queftion alléguées par le Marquis de Créquy, relativement à l'origine, aux alliances & à la nobleffe de la branche connue fous le nom de le Jeune, doivent être mis à l'écart, & que fes objections font entiérement détruites par les réponfes qu'y a faites le Comte de Créquy.

1°. Il eft prouvé que la branche de MM. le Jeune n'eft point iffue d'un Charpentier. L'expédition d'une quittance, donnée par le Charpentier du Château d'Hefdin, au bas de laquelle, difoit-on, fe trouvoit un fceau, repréfentant un Créquier, avoit donné lieu à cette allégation ; mais aujourd'hui on rapporte une expédition de cette même quittance,

A

& la gravure du fceau qui y eft appofé, atteftée par le Garde des Archives d'Artois. On y joint plufieurs autres quittances du même Charpentier, fcellées du même fceau, & l'on ne voit dans toutes qu'un maillet & deux oifeaux. La légende même qui entoure ce fceau ne porte que les noms de *Pierre Semel*. Il n'y a donc entre le Charpentier & MM. le Jeune aucuns rapports de noms ni d'armoiries; & tout ce qui a été dit à cet égard eft purement idéal & chimérique.

2°. Il eft impoflible d'élever des doutes fur la vraie qualité de Taffard le Jeune, Procureur Général du Comté d'Artois, *qui ne peut* (au dire même du fieur Cherin) *être méconnu pour le parent de MM. le Jeune*. Ses liaifons avec leur branche font prouvées en effet par l'identité de nom, l'identité de lieu, l'identité de biens, l'identité parfaite des armes. On repréfente fes provifions dans lefquelles le Duc de Bourgogne lui donne entr'autres fonctions, *celle de s'enquérir par information fecrete & publique fur tous fes Sujets, Baillis, Prévôts & Officiers. Il veut qu'il ne rende compte de ce qui peut être relatif à fon miniftere qu'à lui Duc de Bourgogne & à fon Confeil.* Tout homme qui a l'honneur de travailler avec fon Prince directement, s'il n'a pas le rang de Miniftre, eft au moins un de fes principaux Officiers. Il eft inutile d'examiner fi le Duc de Bourgogne avoit alors un Confeil fixe ou ambulant. Il avoit certainement une Cour de Juftice; car il ne peut exifter de Gouvernement fans Tribunaux, & Taffart le Jeune y rempliffoit les fonctions qui appartiennent au Miniftere public. Ces fonctions étoient d'autant plus éminentes, qu'elles lui procuroient une correfpondance directe avec fon Prince.

3°. Il eft prouvé qu'aucun des individus de la branche de MM. le Jeune n'a été Marchand de vin. L'imputation qu'on leur a faite, à cet égard, étoit fondée fur une Sentence rendue en 1486 par les Elus de Tours, qui déchargea Jean le Jeune du droit de *huitieme, pour raifon du vin de fon crû vendu en détail, attendu fa qualité de Gentilhomme.* Mais cette Sentence même prouve que Jean le Jeune n'avoit fait vendre que le vin de fon crû. On ne doit point être rangé dans la claffe des Marchands de vin, encore moins dans celle des Cabaretiers pour avoir fait vendre le vin de fa récolte. Tous les Seigneurs des Pays de vignobles, fur-tout dans la Touraine & l'Anjou, ont le droit de *banvin*; c'eft-à-dire le privilege d'empêcher qu'aucun de leurs Vaffaux ne vendent du vin en détail, tant que celui de leur récolte n'eft pas débité. La preuve que Jean le Jeune n'avoit fait vendre *que le vin de fon crû*, tirée de la Sentence contradictoire qui lui a donné gain de caufe, ne laiffe plus d'équivoque fur ce point.

Le Comte de Créquy & MM. fes freres n'ont pas établi moins victorieufement le défaut d'identité entre Jean le Jeune leur neuvieme auteur connu, & le Petit-Jean le Jeune, qui a rempli une des places de Tapiffier de M. le Duc Charles d'Orléans, conjointement avec les Petit-Jean & Petit-Jean Godin, également Tapiffiers de ce Prince à la même époque.

Si ce fait n'eût pas auffi effentiellement porté atteinte à la nobleffe d'extraction du Comte de Créquy & de fes freres, ils auroient dû fe borner à foutenir que la quittance de 1470, dont on a étayé cette allégation, n'ayant aucune efpece d'authenticité, ne portant aucune date, aucun paraphe, aucune cotte qui prouvât qu'elle eût fait autrefois partie d'un dépôt public, ne pouvoit mériter un feul inftant l'attention des Magiftrats. Le Marquis de Créquy a déclaré que cette quittance provenoit de la Chambre des Comptes de Blois, qui avoit été autorifée à vendre fes vieux parchemins. Mais, eft-ce le Marquis de Créquy qui s'en eft rendu adjudicataire ? Exifte-t-il un procès-verbal qui conftate chacune des feuilles de parchemin qui ont été vendues , & ce qu'elles portoient ? Il ne faudroit rien moins que ce concours de circonftances pour donner un caractere d'authenticité à la prétendue quittance de 1470.

Le Marquis de Créquy ne l'avoit pas, ou n'en avoit pas fait ufage aux Requêtes du Palais ; elle lui a donc été apportée depuis : & par qui ? Il n'a pas nommé l'auteur de cette découverte. Oferoit-il répondre de fa fidélité ? Se rendra-t-il garant de l'authenticité d'une piece ifolée, & qui, d'après lui-même, confondue dans des parchemins de rebut, feroit fortie du cahos pour figurer tout-à-coup dans fa caufe ? A quoi ne feroient pas expofées les plus illuftres familles de France, fi, par cela feul que la Chambre des Comptes de Blois a vendu des parchemins, elles étoient obligées d'adopter tous ceux que l'on jugeroit à propos de leur oppofer, & qui n'auroient aucune efpece d'authenticité ? Cette réponfe eft la feule que l'on doive préfenter à des Magiftrats, & elle ne laiffe rien à défirer à des Jurifconfultes.

Cette quittance que l'on adapte à Jean le Jeune, neuvieme aïeul connu du Comte de Créquy (quoiqu'elle ne *parle que d'un Petit-Jean le Jeune*), eft d'autant plus fufpecte, qu'elle n'eft pas même foufcrite par ce Petit-Jean le Jeune, mais par un foi-difant fondé de procuration: de forte qu'il eft impoffible de vérifier la fignature du Petit-Jean le Jeune pour qui elle paroît avoir été donnée.

La procuration de ce même Petit-Jean n'y eft pas annexée, quoiqu'elle feule pût opérer la décharge du Tréforier comptable, qui l'auroit produite à l'appui de fon compte.

Enfin, elle eft reçue par un fieur Hellebon, qui fe qualifie de Secrétaire de Madame la Ducheſſe d'Orléans en 1470, & les regiſtres de la Chambre des Comptes de Paris, où repoſent les comptes originaux des Tréſoriers de cette Maiſon, conſtatent qu'en 1470, Madame la Ducheſſe d'Orléans avoit pour Secrétaire *Guillaume de Villebreme*, & non pas le ſieur Hellebon. Il ne falloit, pour écarter cette piece, que ſon défaut d'authenticité. Quel cas en doit-on faire, quand tout concourt à la rendre ſuſpeɛte ?

Si l'on paſſe enſuite à l'examen de la quittance en ſoi, on demeure convaincu que Jean le Jeune, Tapiſſier du Duc Charles d'Orléans, ne peut être le même individu que Jean le Jeune, auteur du Comte de Créquy. D'abord, nulle ſimilitude de nom ; celui de Petit-Jean eſt très-commun aujourd'hui, & il l'étoit alors, puiſque depuis 1452 juſqu'en 1464, on trouve, dans tous les comptes de la Maiſon du Duc Charles d'Orléans, une famille du nom de Petit-Jean en poſſeſſion des offices de Tapiſſier, & que Petit-Jean le Jeune ne commence à paroître qu'en 1464, dans le compte même où l'on ne retrouve plus *Petit-Jean, qui probablement étoit ſon pere*. Il le remplace avec Petit-Jean Godin qui avoit paru, ainſi que Petit-Jean, dans les comptes précédens.

Il eſt prouvé que Jean le Jeune, loin d'appartenir à une famille de Tapiſſiers, *étoit iſſu de Taſſart le Jeune d'Ambricourt, & de damoiſelle Catherine Potel ; il eſt prouvé que Taſſart le Jeune vivoit noblement, menoit chiens & oiſeaux ; que Jacques le Jeune, oncle du prétendu Tapiſſier, avoit épouſé damoiſelle Jeanne de Tramecourt, d'une noble Maiſon de Picardie, que le bâtard de ce Jacques ſervoit le Duc de Bourgogne à ſes grands frais & dépens, en état d'homme d'arme & de monture ; que ce Jacques le Jeune étoit Ecuyer, Seigneur d'Ambricourt en partie, que ſon fils lui ſuccéda dans cette Seigneurie. On trouve en*

1494 un aveu qui lui étoit rendu par ses vassaux, dans lequel on lui donne les qualités d'Ecuyer, Seigneur d'Ambricourt. Les cousins, les freres de notre Jean le Jeune étoient appellés pour servir leur Prince en ses guerres & armées. Ils tenoient état de Gentilhommes, & leurs femmes celui de Damoiselles & de Gentillesses. Jean le Jeune est lui-même jugé par la Sentence de 1478, avoir servi quinze ans en çà le Roi Louis XI, sous & en la Compagnie de M. de Beaujeu, où il avoit mangé & dépendu la plûpart de son vaillant. Dès qu'il est prouvé qu'en 1478 il avoit servi le Roi pendant quinze à seize ans, sous & en la Compagnie de M. de Beaujeu, il ne pouvoit être en 1464, Tapissier du Duc Charles d'Orléans.

Aussi est-ce la seule année où l'on voye un *Petit-Jean le Jeune, Tapissier,* & l'on ne peut pas dire que ce Petit Jean le Jeune étoit connu auparavant sous le seul nom de *Petit-Jean,* car le Petit-Jean rappellé dans les Etats du Duc Charles d'Orléans, y paroît depuis *1452 jusqu'en 1463* sans nul intervalle; & il est prouvé, avoué même par le sieur Cherin, que Jean le Jeune, auteur du Comte de Créquy, ne passa en France qu'en 1457.

Nulle circonstance ne prête au systême du Marquis de Créquy; toutes celles qui sont connues, le contredisent. Jean le Jeune a servi le Roi *dans ses armées,* & non pas le Duc Charles d'Orléans en qualité de Tapissier. *Le Roi Louis XI le qualifie d'Ecuyer dans des Lettres Patentes de 1482, duement enregistrées, & lui permet de faire trafic sans déroger à la noblesse;* enfin, les Collecteurs de Tours qui l'avoient imposé à la Taille en 1478, les Fermiers qui lui demandoient en 1485 un droit de huitieme, ne lui ont jamais reproché d'avoir été Tapissier du Duc Charles d'Orléans; ç'eut été cependant un moyen victorieux pour l'obliger à payer la

Taille & les impôrs qu'il refufoit d'acquitter ; les Fermiers ne fe feroient pas laiffé condamner aux dépens envers lui, s'ils avoient pu faire ufage d'un moyen auffi décifif.

4°. Il n'eft plus permis de croire qu'il ait jamais exifté aucune liaifon entre la branche des le Jeune établie en Anjou, & la famille le Jeune, dont différens individus ont obtenu les quatre Sentences de 1577, 1583, 1589, 1597; ces quatre individus fe reconnoiffent pour parens les uns des autres. Ils fe font tous defcendre d'un Jean le Jeune qui avoit époufé Jeanne de Gribauval, à qui trois d'entr'eux ont donné pour fils *un* Robert, acquérant une terre en 1401 ; * ou d'un frere de ce même Jean le Jeune, époux de Jeanne de Gribauval, à qui l'un d'eux a donné *pour pere Taffard le Jeune.*

* Sentence de 1577.

Tout le fyftême du Marquis de Créquy roule fur l'identité qu'il fuppofe exifter entre le Taffard le Jeune rappellé dans ces Sentences, & le pere de Jean le Jeune, qui vint fe fixer à Tours. Mais ce Taffard le Jeune avoit un petit-fils majeur en 1401, il ne pouvoit être né plus tard qu'en 1340 ; & n'eft certainement pas le même que le pere de Jean le Jeune * qui s'étoit trouvé jeune à la bataille d'Azincourt, donnée en 1415.

* Enquête de 1485.

Le Taffard rappellé dans les Sentences d'Artois, avoit un petit-fils majeur en 1401, & il eft impoffible qu'un homme qui étoit encore jeune en 1415 ait eu un petit-fils majeur en 1401. Le Marquis de Créquy donne pour fils à ce Taffard, Jean le Jeune qui eft venu fe fixer à Tours, & Jean le Jeune vivoit en 1478, 1486, 1494 & même en 1503 *, pouvoit-il avoir pour neveu *Robert*, majeur en 1401, c'eft-à-dire 110 ans auparavant. Enfin, le Taffard le Jeune, pere de Jean le Jeune, auteur du Comte de Créquy, vivoit encore en 1460, & certainement un homme né en 1340, ne vivoit pas en 1460.

* Sentences de 1478, 1485 & 1504.

Le Marquis de Créquy n'a pas même la reffource de faire defcendre les le Jeune, cités dans les Sentences de 1577, 1583,

1589 & 1597, du Taffard le Jeune, Procureur Général du Comté d'Artois ; car ce feroit avouer de fa part que la généalogie qu'il a fait imprimer, & les inductions qu'il en a tirées, font fauffes ; d'ailleurs, les biens du Procureur Général font paffés dans la branche du Comte de Créquy, ainfi qu'il eft prouvé par deux aveux de 1389 & de 1393. Ils n'ont jamais appartenu aux le Jeune dénommés dans les quatre Sentences. Ce n'eft pas même la prétention de ces le Jeune, & il eft clair qu'ils ont voulu s'attacher à Taffard le Jeune d'Ambricourt, comme étant affurés de jouir d'une nobleffe inconteftable, s'ils parvenoient à faire croire qu'ils defcendoient de lui. C'eft tellement à Taffard le Jeune d'Ambricourt qu'ils ont voulu s'attacher, qu'ils lui ont donné pour fils Hue le Jeune, lequel étoit vraiment frere de Jean le Jeune qui s'établit en Touraine. Ce fait acheve de conftater leur impofture, puifqu'il eft démontré phyfiquement impoffible que Hue le Jeune, qui vivoit à la fin du 15ᵉ & au commencement du 16ᵉ fiecle, fût l'oncle de Robert, déja majeur en 1401.

D'ailleurs les le Jeune d'Artois ont déclaré qu'ils étoient parens des le Jeune Coutay, & il n'y a aucune identité entre les le Jeune Coutay & la branche des Créquy, connue fous le nom de le Jeune d'Ambricourt, puifque l'époque de l'annobliffement des le Jeune Coutay eft de 1420, tandis qu'alors *la nobleffe des le Jeune d'Ambricourt étoit fi ancienne*, qu'au dire même du Lieutenant Général de la Gouvernance d'Arras, *il n'étoit mémoire du contraire*

En vain prétendroit-on que les quatre Sentences de 1577, 1583, 1589 & 1597 font auffi légales & ne méritent pas moins la confiance de la Cour que les deux enquêtes de 1478, 1485 & les Sentences des Elus de Tours qui les ont fuivies ; il y a cette différence entre elles, que le Marquis de Créquy n'a

pu

pu contester un seul des faits dont les témoins entendus en 1478 & 1485 ont parlé ; que la véracité des témoins & celle de Jean le Jeune lui-même est établie sur des pieces tirées des dépôts publics & retrouvées depuis l'origine de la contestation, tandis que la fausseté des faits allégués par les le Jeune d'Artois est physi-quement & mathématiquement démontrée. Les anachronismes dans lesquels ils sont tombés ne permettent pas de donner la moindre confiance à tout ce qu'ils ont dit dans les Sentences qu'ils ont obtenues. Les reproches qu'ils ont éprouvés de la part des habitans d'Esquir ; le dire de ces habitans, relaté dans une de ces Sentences, fournit même au Comte de Créquy, comme on l'observera dans la suite, un nouveau moyen pour établir la possession dans laquelle étoient ses ancêtres de l'état de Créquy.

5°. Les soussignés ne sont pas moins frappés de la réponse que le Comte de Créquy a faite à l'objection tirée de la re-connoissance donnée par Jean le Jeune, à son neveu, en 1494. Cette reconnoissance, placée au bas de l'enquête de 1485, ne présente à la lecture rien qui puisse faire soupçonner que le neveu de Jean le Jeune s'en soit servi contre les ha-bitans de sa paroisse qui vouloient l'imposer à la taille. Cette présomption, donnée comme certitude dans le Mémoire du Marquis de Créquy, n'étoit appuyée que sur le dire d'un des le Jeune d'Artois, inféré dans la Sentence de 1577. Mais quelle foi doit-on ajouter aux allégations de ceux qui obtinrent les Sentences de 1577, 1583, 1589, 1597, lorsqu'il est prouvé qu'ils en imposoient sur les faits les plus faciles à vé-rifier, & que les habitans même de leur village les traitoient d'usurpateurs ? D'ailleurs, que lit-on dans les moyens proposés par celui qui obtint la Sentence de 1577, qu'un le Jeune avoit été mal à propos imposé à la taille 55 ou 60 ans aupa-ravant, & que les habitans de sa paroisse avoient été con-damnés aux dépens envers lui ? Mais cette Sentence qui devroit être de 1517 n'exifte fur aucun des regiftres des plaids de ce tems, le Marquis de Créquy lui-même les a fait compulfer, & fes recherches ont été inutiles. Enfin on ne pourroit, dans aucun cas, adapter la reconnoiffance que Jean le Jeune a donnée à fon neveu en 1494, à l'individu qui obtint cette prétendue Sentence de 1517 contre les habitans de fon village; car il lui eût été impoffible de prévoir un procès vingt-trois ou vingt-huit ans avant qu'on le lui fufcitât.

6°. Quant aux alliances contractées par la branche de MM. le Jeune, c'eft avec raifon que l'on a diftingué celles que cette branche contractoit en Artois, où elle étoit connue pour être iffue de la Maifon de Créquy, de celles que Jean le Jeune, ruiné par les guerres, & fon fils, plus infortuné que lui, ont été forcés de faire. Les alliances contractées par ceux des individus de cette branche qui ont habité l'Artois étoient diftinguées, puifque Taffart le Jeune, pere de Jean, avoit époufé une demoifelle Potel, dont la Maifon tient depuis plufieurs fiecles un très-grand état dans la Flandre. La place de Supérieure de l'Abbaye Royale & noble de la Theuilloie, qu'occupoit dans le même temps une fille de ce nom, après Yolande de Montargis, ne permet pas de douter de la haute nobleffe de cette Maifon. Quant au Procureur Général du Comté d'Artois, l'hiftoire des Comtes de Ponthieu & des Maieurs d'Abbeville, prouve, page 801, que Collard Rumet, dont il avoit époufé la fille, avoit marié fon fils *à une damoifelle de Créquy*. Jacques le Jeune, oncle de Jean le Jeune établi à Tours, avoit époufé une damoifelle de Tramecourt. Enfin MM. le Jeune pourroient citer fans crainte les alliances que leurs ancêtres ont faites en Anjou depuis deux cens ans. Elles leur font communes avec les meilleures Maifons de la Province. Le Capitaine Bonneveau avoit marié fa fille au Comte de Brennes : l'armorial univerfel, imprimé en 1662, en contient la preuve. Le Comte de Créquy eſt fils de damoiſelle Richer de Neuville, iſſue du Baron de Neuville, dont la maiſon eſt connue (1). Le Baron de Créquy, frere du Comte de Créquy, à épouſé la niece du Comte de Prye, Chevalier des Ordres du Roi; & c'eſt au mariage du Comte de Créquy avec la demoiſelle de Fitte de Soucy qu'il faut attribuer le procès actuel.

7°. Il eſt prouvé que Jean le Jeune qui vint s'établir en Touraine, & Jean le Jeune ſon fils, ſont les ſeuls qui ayent été inquiétés dans leur nobleſſe. Les Jugemens des Elus de Tours de 1478 & 1485, ont été rendus en faveur de Jean le Jeune. Celui de 1504 l'a été en faveur de ſa veuve. Son fils, mal-à-propos recherché en 1515 par les habitans de Saumur, obtint des lettres de réhabilitation qui ont été entérinées en 1535. Quant aux Jugemeus de 1599 & 1635, ils ont été rendus au profit du Capitaine Bonneveau & de ſon fils par les Commiſſaires du Roi prépoſés pour le régalement des Tailles dans un temps où toute la Nobleſſe d'Anjou fut obligée de faire ſes preuves. Le Capitaine Bonneveau & ſon fils avoient trop de titres d'exemption pour être dans le cas d'obtenir un pareil Jugement, s'il n'avoit pas été relatif aux circonſtances, & s'il ne fût devenu néceſſaire à tous les Gentilshommes de la province.

Quant au Jugement de 1667, émané des Commiſſaires du Roi pour la recherche des Nobles, tous les Auteurs nous apprennent que Louis XIV fit faire alors une recherche générale de la Nobleſſe de France, & que les Montmorency même ne furent pas diſpenſés de produire les titres qui conſtatoient leur nobleſſe.

8°. La généalogie imprimée à la fin du Mémoire du Comte

---

(1) C'eſt par elle que le Comte de Créquy & ſes freres avoient l'honneur d'appartenir à feu M. le Maréchal de Montmorency.

de Créquy & de ſes freres , prouve que depuis plus de quatre cens ans leur branche a donné des défenſeurs à l'Etat. De tous les individus qui la compoſent, il n'y en a qu'un ſeul qui n'ait pas ſervi , & l'on en compteroit facilement vingt qui ont péri en combattant pour leur Prince. Trois des freres du Comte de Créquy ont éprouvé ce ſort, & les autres n'ont pas cru que l'importance même de la cauſe qu'ils ont à ſoutenir , dût les détourner de leur ſervice.

9°. La conduite du Comte de Créquy en particulier paroît irréprochable ; les ſouſſignés ont vu ſon contrat de mariage ſigné par le Roi & les Princes de ſon ſang : il ne s'y attribue point la qualité de Meſtre-de-Camp, qu'on lui a mal-à-propos reproché d'avoir priſe. Celle de Colonel eſt à la vérité donnée à ſon pere , qui avoit quitté le ſervice n'étant que Commiſ-ſaire d'Artillerie ; mais cette erreur ne peut lui être imputée , puiſqu'il l'avoit fait réformer dans le projet de l'acte ; elle ne ſe trouve qu'en marge du contrat, ſans approbation, paraphe ni ſignature de ſa part ; ni l'une ni l'autre de ces qualités n'ont été priſes par le Comte de Créquy dans la note écrite de ſa main qu'il envoya à la paroiſſe de Verſailles pour faire publier ſes bans ; ni l'une ni l'autre de ces qualités n'ont été attribuées à ſon pere & à lui dans l'acte de publication des bans ; & la qualité de Meſtre-de-Camp que le Marquis de Créquy lui avoit donnée dans l'exploit introductif de ſa demande, a ſeule induit en erreur les rédacteurs des premiers actes judiciaires qui ayent été ſignifiés dans la cauſe.

Les Souſſignés , après avoir ainſi mis à l'écart toutes les queſtions incidentes & épiſodiques que les défenſeurs des deux Parties ont diſcutées, ſe renfermeront dans l'examen de celles qui tiennent vraiement au fond de la cauſe.

L'état des hommes eſt impreſcriptible ; c'eſt le principe ſur lequel le Comte de Créquy appuye ſa défenſe ; & ce principe, en effet, eſt certain : *jura ſanguinis nullo jure civili dirimi poſſunt.*

Le Comte de Créquy eſt néceſſairement aujourd'hui ce que ſes ancêtres étoient il y a cinq cens ans. Si ſes peres ont eu des titres qui les autoriſaſſent à ſe dire iſſus de la Maiſon de Créquy, s'ils ont eu même une poſſeſſion d'état comme Créquy, l'interruption de cette poſſeſſion, à certains égards, ne peut nuire à un droit qui, leur étant une fois acquis, n'a pu ſe perdre pour leurs deſcendans. Or, les preuves que rapporte le Comte de Créquy de la poſſeſſion qu'ont eue ſes ancêtres de l'état de Créquy, paroiſſent ſans replique.

La premiere de ces preuves eſt tirée des enquêtes de 1478 & 1485. Il eſt conſtant qu'à l'époque où ces enquêtes ont été faites, la preuve teſtimoniale étoit en uſage, & marchoit d'un pas égal avec les titres de famille. Ce point de fait eſt établi par les différentes Ordonnances que l'on a citées dans le Mémoire du Comte de Créquy. On y avoit particulierement recours en matiere de Nobleſſe. L'Ordonnance de Louis XII de 1498 en contient une diſpoſition formelle. Il a fallu une Loi préciſe pour l'abroger, & cette Loi n'eſt que de 1566. Quant à des preuves tirées des regiſtres de baptêmes, mariages & ſépultures, on ne peut en exiger dans la circonſtance, puiſque les regiſtres n'ont été établis que dans le ſeizieme ſiecle, & poſtérieurement, par conſéquent, au temps où Jean le Jeune a été dans le cas de conſtater ſon état.

Ces enquêtes ſont légales ; car tout ce qui eſt fait en vertu d'une Loi ou d'un Jugement, eſt légal. Les deux enquêtes ont été ordonnées par les Elus de Tours : elles ont été reçues par eux ; elles ont été ſuivies de Jugemens contradictoires, qui ont eu leur exécution. Il n'y auroit plus rien de certain dans la ſociété, ſi l'on ſe permettoit de critiquer ce qui a acquis, depuis plus de trois cens ans, l'autorité de la choſe jugée.

Tous les témoins qui ont dépofé, font dignes de foi : il n'eft plus même permis de les foupçonner, puifqu'ils n'ont éprouvé aucun reproche de la part de ceux qui avoient intérêt de critiquer leurs dépofitions, & que les Juges ont prononcé d'après elles. Il eft prouvé d'ailleurs qu'ils ont dit vrai fur onze des douze faits dont ils ont parlé ; & dès-lors, (pour employer les expreflions même du fieur Cherin,) *on leur doit une pleine confiance fur tous les autres faits dont on n'a pas encore acquis la preuve littérale, à moins qu'on n'en ait de contraire.*

Or, ces témoins ont unanimement dépofé que Jean le Jeune étoit iffu par mâle de la Maifon de Créquy, puifqu'ils atteftent *qu'ils en font iffus de par pere, qu'ils en portent encore les armes, fors qu'il y a différence de couleurs ;* & il paroît qu'il n'exifte plus de difficulté entre les Parties, fur la vraie fignification de ces termes, *iffu de par pere.* Les autorités rapportées dans le Mémoire font concluantes à cet égard.

Loin que le filence que Jean le Jeune avoit gardé fur fon origine, & le peu d'ufage qu'il a fait de la déclaration de ces témoins, puiffe rien diminuer de la confiance qui leur eft due, au contraire, on doit le regarder comme une circonftance de plus, qui ajoute à cette même confiance qu'ils méritoient par eux-mêmes ; elle éloigne tout foupçon de captation ; car on ne peut être foupçonné d'avoir fuborné des témoins pour dépofer d'un fait que l'on n'a pas articulé, & dont on n'a point profité lorfqu'il étoit poffible d'en tirer avantage.

Ces deux enquêtes, encore qu'elles ne foient point contradictoires avec la Maifon de Créquy, n'en conftatent pas moins aujourd'hui la poffeffion de l'état de Créquy, dans laquelle étoit alors en Artois la branche de MM. le Jeune. Si elles étoient contradictoires avec la Maifon de Créquy, il faut croire qu'il n'exifteroit point de procès entre le Marquis & le Comte de Créquy. Les enquêtes & les Senrences qui les ont fuivies, prouveroient qu'il auroit été jugé contradictoirement avec la Maifon de Créquy, que la branche des le Jeune lui appartenoit, & le Comte de Créquy auroit en fa faveur l'autorité de la chofe jugée, fur le point même que l'on auroit ofé contefter. Mais il n'eft pas néceffaire, pour établir fon état, d'avoir en fa faveur un Jugement contradictoire : la poffeffion eft une maniere légale de le prouver. La poffeffion n'eft autre chofe que l'opinion publique fur l'état, la naiffance, la qualité & le rang d'un individu ou d'une famille quelconque, & l'on peut trouver les preuves de cette notoriété dans des enquêtes qui n'ont pas été contradictoires avec la famille à laquelle on les oppofe trois cens ans après.

Le fait que le Comte de Créquy a intérêt de prouver, eft que fes ancêtres jouiffoient de l'état de Créquy en Artois, qu'ils étoient publiquement reconnus pour être iffus de cette Maifon ; or, il trouve la preuve de ce fait important dans des enquêtes juridiquement ordonnées, juridiquement faites, juridiquement adoptées. Il la trouve dans la dépofition de cinq témoins originaires de l'Artois, irréprochés, irréprochables, vrais fur tous les faits dont ils ont parlé. Ce ne fera donc pas parce qu'il aura été jugé contradictoirement avec les Créquy, que la branche des le Jeune leur appartenoit, que le Comte de Créquy fera maintenu dans fon état, mais parce que Jean le Jeune dans des enquêtes juridiques faites *pour prouver fa nobleffe de lignée* & contradictoires avec ceux qui avoient intérêt de le contredire, a été annoncé comme iffu de la Maifon de Créquy ; comme jouiffant dans la Province d'Artois, aux yeux des Habitans de cette Province, d'une poffeffion publique d'état, néceffairement contradictoire par fa publicité même avec la Maifon à laquelle cette poffeffion l'attachoit.

Dans ces temps défaftreux où la guerre défoloit l'intérieur

de la France, où la Noblesse étoit journellement exposée à voir ravager ses biens, renverser ses habitations, piller & brûler ses titres, quelle ressource restoit-il aux Gentilshommes après un événement de cette nature, si ce n'étoit celle d'assembler les habitans du canton & de constater par leurs dépositions le désastre qui leur enlevoit leurs titres, de consigner dans un acte judiciaire ce qu'on sçavoit de l'ancienneté de leur origine, de fixer, par là, l'opinion publique & leur possession d'état. Les enquêtes ne pouvoient être contradictoires avec les autres branches de la Maison, qui souvent suivoient le parti contraire, mais elles constatoient un fait, un pur fait, celui d'une possession publique, & par-là même contradictoire avec les autres membres de leur famille. En étoient-elles moins probantes? Combien de familles en France n'ont pour titres anciens que des attestations pareilles! A quelle extrémité les réduiroit-on, si on venoit à les rejetter, sous prétexte qu'elles n'ont point été contradictoires avec les autres branches de leur Maison qui existoient alors! Pouvoient-elles être contradictoires en effet avec ces branches, & faudroit-il aussi qu'elles eussent été contradictoires avec chacun des individus qui les composoient, suffiroit-il qu'elles l'eussent été avec le chef? Quelle réponse le Marquis de Créquy fera-t-il dans son système, où le jugement du chef n'est rien à ses yeux?

L'objection qui paroît inspirer le plus de confiance au Marquis de Créquy est celle-ci: la notoriété publique & la possession d'état n'ont point confirmé dans les siecles suivans, dit-il, les déclarations exprimées dans les enquêtes. Objection sans force, puisque le silence n'auroit pu anéantir le droit imprescriptible d'une filiation prouvée.

Mais si l'on descend avec nous de l'époque de 1478 jusqu'à la fin du seizieme siecle, on entendra, cent vingt ans après les enquêtes, cette voix puissante de la notoriété publique s'éle-

ver

ver en faveur d'une origine juridiquement conftatée plus d'un fiecle auparavant, la confirmer de la maniere la plus folemnelle , & nous la tranfmettre par une forte de tradition qui remplit l'intervalle entre l'inftant de la preuve faite & le jour de la reconnoiffance donnée par le chef de la Maifon de Créquy.

Ce fait important eft digne de la plus férieufe attention , & fera recueilli précieufement par des Magiftrats qu'un faint zele anime à la recherche & à la découverte de la vérité.

Que difoient, vers la fin du feizieme fiecle , les habitans d'Efquir aux le Jeune d'Artois, lorfqu'ils leur reprochoient l'ufurpation de la nobleffe?

Ce ne font point ici cinq perfonnes feulement , c'eft une Communauté toute entiere d'Habitans, c'eft le Public, c'eft la notoriété qui va parler.

Vous avez , difoient-ils , ufurpé vos armes.

Quelles étoient ces armes que les le Jeune d'Artois étoient accufés , par la voix publique, d'avoir ufurpé ?

Etoit-ce le créquier de gueules en champ d'or , tel que le portoient les membres de la Maifon de Créquy, connus fous le nom de Créquy?

Non ; c'étoit le créquier d'argent en champ de gueules, que s'arrogeoient les le Jeune d'Artois à cette époque.

Or le créquier d'argent en champ de gueules compofe & compofoit de tout temps, & dès avant 1325, les armoiries des le Jeune d'Ambricourt.

Ce font donc les armes particulieres & déterminées de la branche des le Jeune d'Ambricourt, qu'une Communauté entiere d'Habitans accufoient les le Jeune d'Artois d'avoir ufurpées.

Maintenant fur qui cette Communauté d'Habitans, qui repréfente à nos yeux la notoriété publique de la province , fur qui reprochoit-elle aux le Jeune d'Artois d'avoir ufurpé le créquier d'argent en champ de gueules?   C

Sur des Gentilshommes, fi comme fur les Sires de Créquy ; dont ils ne font iſſus. Ce font les termes de la Requête préfentée par la Communauté d'Eſquir.

Donc il étoit notoire dans les dernieres années du feizieme fiecle, cent ans, cent vingt ans après les enquêtes, que le *créquier d'argent en champ de gueules,* c'eft-à-dire les armes propres de la branche des le Jeune d'Ambricourt, ufurpées par les le Jeune d'Artois, défignoient, caractérifoient une branche de la Maifon de Créquy ; que les le Jeune d'Ambricourt enfin étoient connus publiquement pour appartenir à la Maifon de Créquy, & qu'ufurper les armes, c'étoit ufurper celles des Sires de Créquy.

Et c'eft ainfi que non feulement la grande, ou plutôt l'unique objeʧion du Marquis de Créquy lui échappe, mais encore que l'éclairciſſement des faits la convertit en preuve de la filiation qu'il attaque, & n'aboutit qu'à confirmer de fiecle en fiecle, par la poſſeſſion même publique de l'état, les vérités établies par la feule voie légale qui fut ouverte dans les anciens temps, c'eft-à-dire, par la dépofition unanime des témoins.

Et qu'on ne dife pas que les témoins entendus dans l'enquête de 1478 ont, en atteftant que la branche de MM. le Jeune tiroit fon origine de la Maifon de Créquy, dépofé d'un fait étranger à la queftion, foumife à la décifion des Elus de Tours. La Nobleſſe a des liaifons eſſentielles avec l'origine. Quand les témoins n'auroient eu à dépofer que fur la Nobleſſe, ils n'auroient fait que circonftancier leurs dépofitions d'une maniere plus précife, en difant que Jean le Jeune étoit tellement noble, qu'il étoit originaire de la Maifon de Créquy. Mais Jean le Jeune avoit articulé *qu'il étoit iſſu de noble lignée.* Ces expreſſions fe trouvent dans la Sentence de 1478. Il étoit admis à prouver les faits qu'il avoit avancés, les témoins ont donc été autorisés à dire de quelle lignée il étoit, & c'est ce qu'ils ont fait en attestant *qu'il étoit issu de par pere de ceux de Créquy dont il portoit encore de présent les armes, fors qu'il y avoit différence de couleurs.*

Ainsi, il résulte des enquêtes de 1478 & 1485 une preuve légale de la possession dans laquelle étoit la branche des le Jeune d'Artois de l'état de Créquy. Le nom de le Jeune, que cette branche a porté depuis quatre cens ans, ne peut être plus préjudiciable à ses droits que ceux *de Heilly*, *de Mareuil*, *de Royon*, *de Rebreuingues*, qui seuls ont distingué, pendant deux siecles, quatre branches différentes de la maison de Créquy.

Le Comte de Créquy trouve dans ses armoiries une seconde preuve, non moins puissante que la premiere, de l'état de ses ancêtres & du sien. On ne peut révoquer en doute ce que les différens Auteurs, dont on a cité les ouvrages dans le Mémoire imprimé du Comte de Créquy, ont dit de l'importance que l'on attachoit autrefois aux armoiries; & sans chercher ici à y rien ajouter, les soussignés observeront qu'il a fallu une Ordonnance spéciale pour rétablir l'usage de signer son nom au bas des actes, au lieu d'y apposer son sceau. Les armes étoient donc la marque distinctive des personnes; elles parloient aux yeux de même que les noms écrits, & ne désignoient pas moins bien que la souscription des noms les personnes qui s'étoient engagées à remplir les conventions arrêtées entr'elles. L'attachement de l'ancienne Chevalerie pour ses armoiries, les Officiers à qui le Roi confioit le soin de réformer les abus qui auroient pu s'introduire dans le blason, & de punir les usurpateurs, font autant de garans de la parenté de ceux qui, dans ces temps reculés, portoient les mêmes armes

IIe Preuve;

dans le même lieu. Or, il eſt prouvé que depuis 1340 la branche des le Jeune porte les mêmes armes que la maiſon de Créquy. Le ſieur Cherin l'atteſte de la maniere la plus préciſe.

Tous les Auteurs Héraldiques, & le ſieur Cherin lui-même, conviennent que la différence des couleurs n'eſt qu'une briſure de cadet. Ce dernier avoue auſſi que le petit écuſſon que l'on voit à la premiere feuille du créquier des le Jeune annonce ſeulement une alliance. Il eſt donc prouvé, dans la cauſe, que le Comte de Créquy a toujours, & ſans la moindre interruption, porté les armes de la maiſon de Créquy.

Sa poſſeſſion remonte même l'an 1300, depuis qu'il a retrouvé un ſceau de Wautier le Jeune, repréſentant un créquier pur & chargé de la ſimple briſure d'une bande, qui traverſe la totalité de l'écu ; comme les cadets le portoient autrefois ; aujourd'hui le bâton ſe porte *aleſé*, ainſi qu'on le remarque dans les armes de la Maiſon de Condé (1). Ce ſceau pend au bas d'un acte original, reçu par Baudoin de Lens, Seigneur d'Herin. La qualité de franc-homme, donnée à Wautier le Jeune, c'eſt-à-dire, de poſſeſſeur d'un Fief relevant d'Herin, l'unit inconteſtablement à la branche du Comte de Créquy, puiſque Jacques le Jeune, oncle de Jean le Jeune, établi en Touraine, poſſédoit un Fief ſitué à Verchin. & relevant du Seigneur d'Herin ; de ſorte qu'on trouve entre Wautier & Jean le Jeune identité de nom, identité de lieu, identité de poſſeſſion, identité d'armes ; ce qui établit, d'après le Marquis de Créquy lui-même, des rapports eſſentiels entr'eux. Le bâton dont ces armes ſont chargées ne permet pas de douter qu'elles n'appartinſſent à un cadet ; & le nom de *le Jeune* que

---

(1) On trouve une bande pareille à celle que l'on remarque ſur le ſceau de Wauthier le Jeune dans l'écuſſon du ſixieme fils de S. Louis, dont l'effigie exiſte aux Jacobins de la rue S. Jacques.

portoit Wautier, & qu'a retenu fa branche, devient par-là facile à expliquer.

La rareté du créquier dans le blafon, l'époque à laquelle la branche des le Jeune le portoit, le lieu où elle avoit fes poffeffions & qu'elle habitoit, la place qu'occupoit le Procureur Général, le jugement que les Habitans de l'Artois ont porté fur ces armoiries, tout concourt à affurer le droit inconteftabie qu'ont eu les auteurs du Comte de Créquy de porter les armes de la maifon de Créquy ; & puifque le fieur Cherin convient que *ces armes font parlantes & font feules préfumer l'origine commune*, permettroient-elles d'en douter, quand elles fe trouvent réunies avec d'autres preuves concluantes & décifives par elles-mêmes ?

La Terre d'Ambricourt, poffédée par plufieurs individus de la branche des le Jeune, a fourni au Comte de Créquy une troifieme preuve de fon état. IIIe Preuve.

Il eft établi, en effet, par plufieurs aveux tirés des archives du Comté de Saint-Pol, que les auteurs du Comte de Créquy ont eu, dans tous les tems, leurs poffeffions dans les environs de Créquy. Ils avoient des fiefs à Rollancourt, à Encourt, à Verchin. Ces différens territoires environnent la Terre de Créquy ou font enclavés dans fes domaines. Deux aveux de 1474 & 1494, prouvent inconteftablement que Jacques le Jeune, oncle de Jean le Jeune, qui eft venu s'établir à Tours, & après lui fon fils, ont poffédé en partie la *Terre & Seigneurie d'Ambricourt*. L'enquête de 1478 conftate que Taffard le Jeune, vivant en 1415, & frere de Jacques, avoit à Ambricourt un four bannier & *menoit chiens & oifeaux*. Le droit de four bannier fuppofe la haute-Juftice ou la Seigneurie du lieu. La prérogative de chaffer à l'oifeau étoit

la marque de la haute nobleffe , & de même que les Princes &
les anciens Chevaliers font repréfentés dans leur fceau à
cheval, armés de toutes pieces , & l'épée haute à la main,
les Princeffes & les Dames les plus illuftres portent dans
leur fceau, pour caraĉtere diftinctif, un oifeau fur le poing.
Enfin la propre généalogie du Marquis de Créquy établit
qu'Enguerrand de Créquy, dit le Begue, décédé en 1398 fans
enfans, *étoit Seigneur d'Ambricourt*. La branche des le Jeune a
donc poffédé inconteftablement des biens de la Maifon de
Créquy , dans un pays où la Coutume, jaloufe de conferver
les immeubles dans les familles, ne permet d'en difpofer que
du confentement de fon héritier *& après néceffue jurée*.

Elle les a poffédés fans qu'on puiffe rapporter aucun contrat
de vente qui lui en ait fait paffer la propriété à titre onéreux.

Le Marquis de Créquy a obfervé qu'Enguerand de Créquy
avoit des freres qui naturellement devoient lui fuccéder dans
fes biens. Il cite, pour le prouver, l'Hiftoire des Grands Officiers de la Couronne & fa généalogie rédigée en 1620 par
Pierre d'Hozier ; mais fi cette généalogie & l'Hiftoire des
Grands Officiers de la Couronne n'ont point parlé de onze
individus différens de la Maifon de Créquy, qui cependant
ont exifté dans l'efpace de moins de 56 ans, puifqu'ils fe
trouvent indiqués dans autant d'Arrêts. Elles peuvent avoir été
tout auffi peu fidelles en donnant des freres à Enguerrand
de Créquy, décédé fans enfans.

Les trois preuves établies dans le Mémoire du Comte de
Créquy feroient, chacune en particulier, d'un très-grand poids
dans la caufe. Leur réunion les rend décifives.

Le Marquis de Créquy veut en éluder l'effet, en difant
qu'elles n'établiffent pas la jonĉtion de la branche connue fous
le nom de le Jeune avec la Maifon de Créquy. Il ajoute qu'on

ne peut fe dire iffu d'une Maifon , fi l'on ne prouve fa fonc-
tion avec elle. Quelques réflexions fort fimples fuffiront pour
réduire cette objeɛtion à fa vraie valeur.

Les trois preuves que rapporte le Comte de Créquy ne
donnent pas la date certaine de fa jonɛtion , mais elles en fup-
pofent néceffairement une. Or la date certaine de la jonɛtion
n'eft néceffaire que quand on fe préfente pour recueillir une
fucceffion , concurremment avec des héritiers d'une autre branche. Chacun des héritiers doit alors prouver fes dégrés , & ils
ne peuvent les établir qu'en remontant à un parent commun
à eux & au défunt.

Il en eft autrement dans la matiere dont il s'agit. Les droits du
fang ne peuvent s'éteindre. A quelque diftance que l'on foit de
la fouche commune , on conferve fon état par la feule poffeffion ,
fans le fecours d'aucun titre. Le Comte de Créquy n'a befoin que
de le conferver , puifqu'il établit que fes auteurs en jouiffoient
en Artois lors de l'émigration de Jean le Jeune , & que l'état
eft imprefcriptible.

Si la date précife de la jonɛtion étoit indifpenfable pour
conferver fon état , combien de Maifons illuftres auroient
perdu les avantages que leur rang leur donne , faute de pou-
voir la conftater ! Les Auteurs Héraldiques rapportent une
foule d'exemples de branches dont la jonɛtion n'eft pas prouvée , & qui n'en jouiffent pas moins de leur état.

Le Marquis de Créquy ne prouvoit pas la fienne , de fon
propre aveu , avant la découverte du titre de fondation de
l'Abbaye de Meffines , puifque Charles d'Hozier , fils de Pierre ,
remarquoit en marge de la généalogie de la Maifon de Créquy
qu'avoit compofé fon pere , que trois des dégrés de cette généalogie n'étoient pas fûrs. Le Marquis de Créquy n'en a pas
moins joui paifiblement de fon état , & il eut été en droit de

fe plaindre fi un Créquy iffu d'une branche féparée du tronc avant ces degrés incertains, l'eut méconnu fous prétexte qu'il n'avoit pas de titres pour les établir.

Mais quand on iroit jufqu'à exiger la preuve de cette jonction, la reconnoiffance du Marquis de Créquy ne permettroit plus d'en douter. Elle met toutes les preuves du Comte de Créquy en activité : d'accord avec les dépofitions des témoins, elle explique ce que fignifie la bande de cadet placé dans l'écuffon de Wautier le Jeune; ce que fignifient les armes de la Maifon de Créquy précieufemént confervées dans la branche des le Jeune ; comment les individus qui lui appartenoient les ont portées fous les yeux des Créquy fans la moindre oppofition de leur part; comment ils fe trouvent poffé der la Terre d'Ambricourt immédiatement après le décès d'un Cré- quy qui ne laiffoit point de poftérité: la jonction de cette branche à la Maifon de Créquy n'eft plus douteufe, quand on retrouve, dans la reconnoiffance du chef des nom & armes, les propres expreffions dont la Princeffe de Rache s'étoit fervie *pour lui annoncer l'exiftence d'une branche de la Maifon de Créquy en Anjou, connue fous le nom de le Jeune* avant que le pere du Comte de Créquy eût fongé à récla- mer fes droits au nom qu'il a repris; quand on voit le feu Marquis de Créquy attefter dans un acte authentique *qu'il a rapproché les titres de cette branche de ceux de fa Maifon ; lorf- qu'il déclare dans fes lettres adreffées au Marquis de Créquy- Hémon être fi convaincu de la légitimité de fa prétention & du droit qu'elle a de porter fon nom, qu'il la foutiendra dans toutes les circonftances, & la fera jouir des prérogatives attachées à fon origine.*

La reconnoiffance du feu Marquis de Créquy a acquis une nouvelle force par le filence de la Marquife de Créquy-
Hémon

Hémon & par celui du Marquis de Créquy son fils. L'un &
l'autre ne pouvoient l'ignorer, les copies leur en ont été en-
voyés. Les lettres qui en contiennent la preuve exiftent. C'eft
d'après deux examens faits, l'un en 17ʃʃ, l'autre en 176ʃ,
qu'elle a été donnée. Ils ont fçu que le fieur d'Hozier étoit
chargé de vérifier les titres du Comte de Créquy. Ils lui ont
fourni des mémoires dans lefquels ils les ont difcutés. Le Marquis de Créquy s'eft rendu en perfonne chez le fieur d'Hozier
pendant qu'il faifoit fon travail, il en a connu le réfultat, &
ne s'eft pas plaint tant que fon oncle a vécu. Comment pourroit-
on l'admettre à la critiqner aujourd'hui qu'il a entre les mains les
titres que fon oncle déclare avoir rapprochés des fiens, & qui
l'ont convaincu de la légitimité de la prétention du pere du
Comte de Créquy.

Si jamais reconnoiffance fût frappante, c'eft celle dont le
Comte de Créquy excipe aujourd'hui. On ne peut l'attribuer à
une lâche complaifance, quand on voit celui qui l'a donnée en
17ʃʃ, après un premier examen des titres, follicité enfuite par le
Marquis de Créquy-Hemon, faire vérifier ces mêmes titres par le
Sʳ d'Hozier en 1761, les comparer de nouveau avec les fiens, per-
févérer avec une conftance inébranlable dans la réfolution qu'il
avoit prife d'abord, annoncer publiquement que les le Jeune
étoient fes parens, les préfenter à fes amis, à fa famille, à la
Cour, aux Miniftres comme tels, leur écrire, les féliciter en cette
qualité de tout ce qui pouvoit leur arriver d'heureux, & pré-
venir fon neveu qu'il les foutiendroit dans toutes leurs prérogatives (1). Que faut-il de plus pour maintenir le Comte de

---

(1) Tous ceux qui ont connu le feu Marquis de Créquy favent qu'il joignoit aux
connoiffances militaires & à la bravoure, inféparable de fon nom, une piété exem-
plaire & une délicateffe de fentimens qui ne permet pas de foupçonner qu'il eût
reconnu MM. le Jeune, s'il n'avoit été intimement convaincu qu'ils avoient l'honneur
de lui appartenir.

Créquy en poffeffion d'un état dont il jouit depuis vingt-cinq ans, fur la foi duquel il a vécu, fur la foi auquel l'un de fes freres a époufé la niece du Comte de Prye, Chevalier des Ordres du Roi ; fur la foi duquel deux autres de fes freres font entrés dans les Régimens où ils fervent, fur la foi duquel lui-même a paru à la Cour & y a formé un établiffement qui lui rend encore plus fenfible la conteftation que lui a fufcitée le Marquis de Créquy. Il ne s'agit point aujourd'hui de lui donner un état nouveau, mais de lui conferver celui dont il a joui depuis vingt-cinq ans, fans que le Marquis de Créquy ait ofé s'en plaindre ?

Le fieur Cherin avoit attefté au Marquis de Créquy, *que les auteurs du Comte de Créquy avoient la même prétention que lui depuis trois cens ans, qu'ils avoient les armes de la Maifon de Créquy depuis plus de quatre cens, qu'ils ont toujours eu leurs établiffemens au milieu de ceux de cette Maifon, & que le Comte de Créquy étoit poffeffeur de bonne foi de tous ces avantages.*

Il eft difficile, d'après cela, de concevoir le motif qui a porté le Marquis de Créquy à rendre la plainte qui a été déclarée injurieufe & calomnieufe par la Sentence des Requêtes du Palais. Le Comte de Créquy n'y avoit pas même donné le plus léger prétexte. Il s'étoit marié fous le nom qu'il portoit & qu'il avoit été autorifé à reprendre ; fa bonne foi excluoit toute idée *de faux*, à plus forte raifon *celle du crime de fup-pofition de perfonne.* Ces accufations font donc certainement des calomnies. Il poffede les mêmes armes depuis cinq cens ans, il n'a pu être accufé, fans calomnie, *de les avoir ufurpées en 1730 ;* il porte les marques honorables de fes fervices, & n'a pu, fans calomnie, être préfenté comme un Sujet rebelle *qui attente à l'autorité du Roi.* Il jouit inconteftablement d'une nobleffe dont l'origine eft reconnue & qui eft prouvée depuis quatre cens cinquante ans ; le Marquis de Créquy ne pouvoit l'outrager plus cruellement qu'en concluant *à ce qu'il fût dé-gradé de tous degrés & privileges de nobleſſe, & en provoquant contre lui les peines réſervées aux fauſſaires.*

Il eſt né le Jeune & s'eſt marié comme Créquy? Mais quoique connu ſous le nom de le Jeune, il avoit droit au nom de Créquy, puiſqu'il eſt prouvé qu'il deſcend de cette illuſtre Maiſon ; il ne l'a pris qu'après avoir été reconnu par le Chef des nom & armes de la Maiſon. Il ne s'eſt marié comme Créquy qu'après avoir porté paiſiblement ce nom pendant vingt-cinq ans ; & il eſt impoſſible de lui enlever aujourd'hui un état dont le Marquis de Créquy l'a laiſſé jouir.

Par toutes ces raiſons, les Souſſignés eſtiment que le Comte de Créquy & ſes freres doivent eſpérer la confirmation pure & ſimple de la Sentence de MM. des Requêtes du Palais.

Délibéré à Paris le 26 Janvier 1781. DEBONNIERES. DU VERNE. COQUELEY DE CHAUSSEPIERRE. BABILLE. CLEMENT. MAUCLERC TARGET. FEREY.

Note du Comte de CRÉQUY.

Je ne puis mieux détruire les allégations du Marquis de Créquy ſur ma généalogie, qu'en lui rappellant qu'elle a d'abord été dreſſée par le ſieur d'Hozier de Serigny, lorſque la Maiſon de Créquy exigea mes preuves en 1767.

Et enſuite par le ſieur Cherin, lorſque j'ai eu l'honneur de monter dans les carroſſes du Rôi en 1773.

Ce dernier a déclaré que notre exiſtence étoit connue depuis 1384, & que ma filiation étoit prouvée par titres depuis 1433.

Je n'ai donné à mes ancêtres aucune qualité qui n'ait été vérifiée par le ſieur d'Hozier & le ſieur Cherin.

Signé le Comte de CRÉQUY.

EXTRAIT de la Carte d'Artois, rédigé par le sieur Brion, Ingénieur - Géographe du Roi, à Paris.

IL prouve que les poffeffions de la branche connue fous le nom de le Jeune d'Ambricourt, font toutes enclavées dans celles de la maifon de Créquy.

Nota. Pour les diftinguer on a marqué d'un *C* celles de la branche aînée de Créquy ; celles des le Jeune d'Ambricourt le font d'une aftérique ou étoile.

Et quand les Créquy & les le Jeune d'Ambricourt ont eu des poffeffions communes dans le même lieu, on les a défignées en plaçant au-deffous un *C* & une étoile (*C.* *): on en a fait de même lorfque les le Jeune d'Ambricourt ont remplacé les Créquy, comme il eft arrivé pour la Terre & Seigneurie d'Ambricourt.

C. *

On a cru devoir y tracer les demeures des témoins, pour prouver que non feulement ils étoient d'Artois, mais encore habitans dans le voifinage d'Ambricourt, & qu'ils pouvoient avoir pleine connoiffance des faits dont ils ont dépofé.

Ces demeures font marquées d'un *T.*

On a également indiqué le lieu où s'eft donné la bataille d'Azincourt ou Ruiffeau-Ville en 1415.

A PARIS, chez P. G. SIMON, Imprimeur du Parlement, rue Mignon Saint-André-des-Arts, 1781.

Flechin

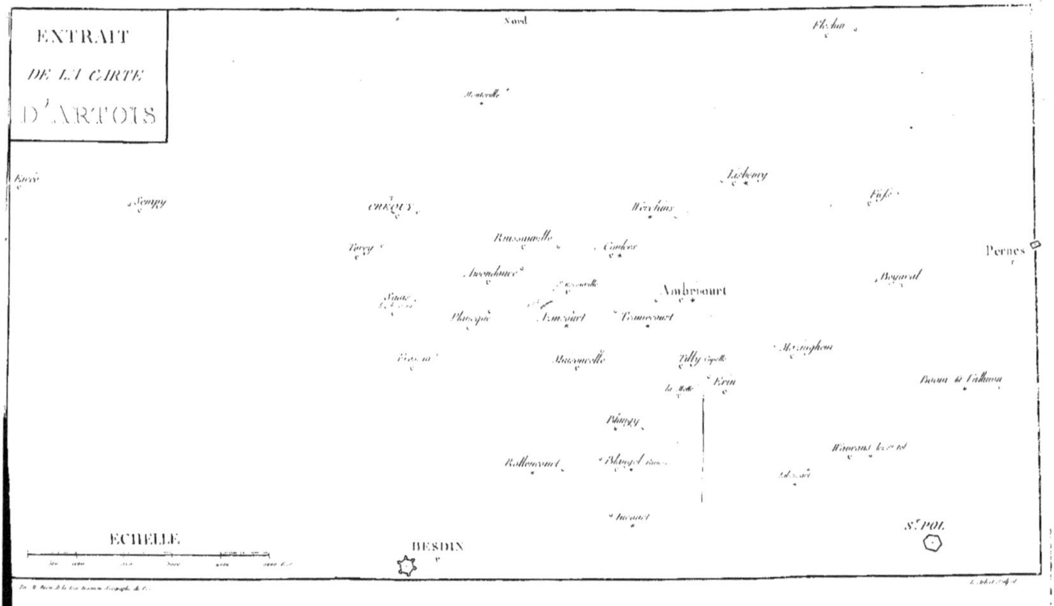
EXTRAIT
DE LA CARTE
D'ARTOIS
Nord
CREQUY
Ambricourt
Pernes
ECHELLE
HESDIN
S.T POL